Rätseln mit Spaß

Französisch

Almuth Bartl • Michèle Bartouilh-Neugebauer

Illustriert von Angela Weinhold

arsEdition

Une maison bien remplie

Die Namen der 10 abgebildeten Dinge findest du auch im Haus auf der Nachbarseite. Streiche die Wörter rechts durch! Achtung: Manche Buchstaben sind Bestandteil von 2 Wörtern.

chaise

radio

sofa

lit

boîte

table

four

horloge

étagère

fauteuil

Vier Buchstaben sind übrig geblieben. Sie ergeben zusammengesetzt den Namen eines Tieres, das auch in diesem Haus wohnt. Kannst du es auf die Tafel zeichnen?
Übrigens: Die Lösungen für alle Rätsel findest du im Buch ab Seite 60.

Mots brouillés

Sortiere die Buchstaben und schreibe die richtigen Wörter in die Kästchen auf der rechten Seite.

1

e n r t s e p

2

o n i l

3

g i t r e

4

m t n u o o

6

h e l v a c

5

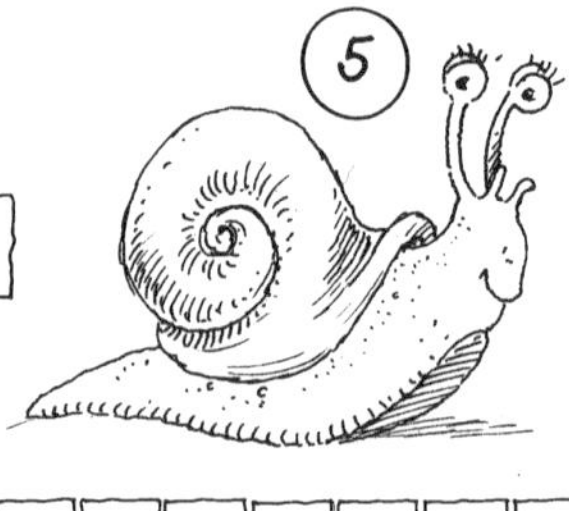

o g a r t s c e

7

n c e i h

8

h t a c

3
7
1
4
8
6
2
5
t
i
g
r
e

12 mois dans une année

janvier

février

mars

avril

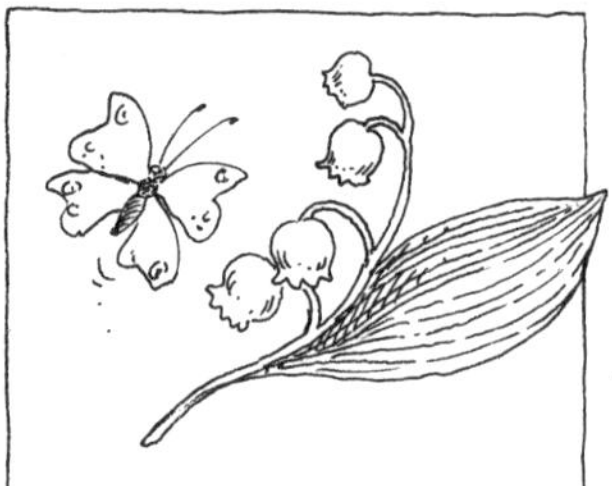

mai

juin

juillet

août

septembre

octobre

novembre

décembre

Trage die jeweiligen Monatsnamen in das Rätselgitter ein!
Beispiel: 6ème mois (6. Monat) = juin

12ème mois

3ème mois

7ème mois

9ème mois

6ème mois

2ème mois

4ème mois

1er mois

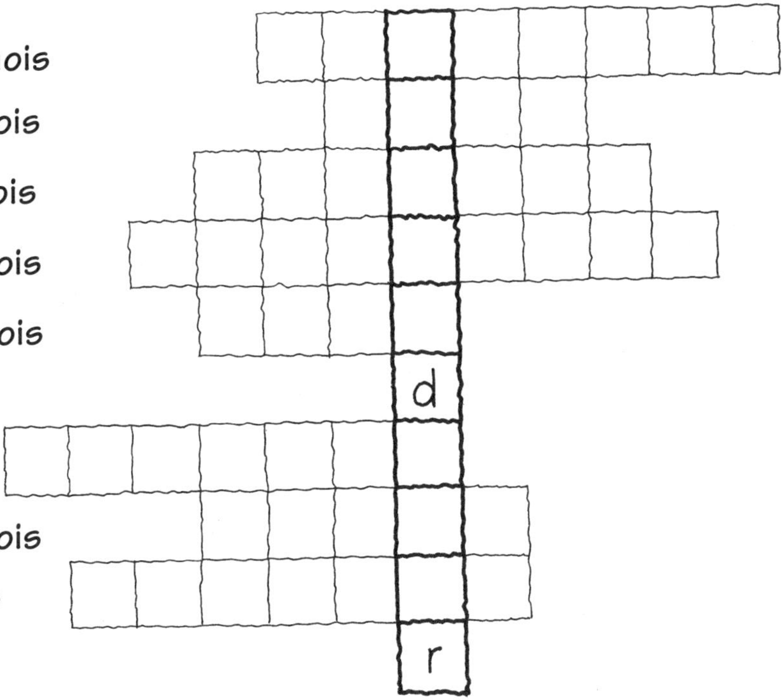

Die Ordnungszahlen werden gebildet, indem man die Endung **-ième** an die entsprechende Grundzahl anhängt.

Beispiel: deux - deux**ième** (zwei - zweite/r/s); Ausnahme: un - prem**ier** (eins - erste/r/s)

Où vont les enfants?

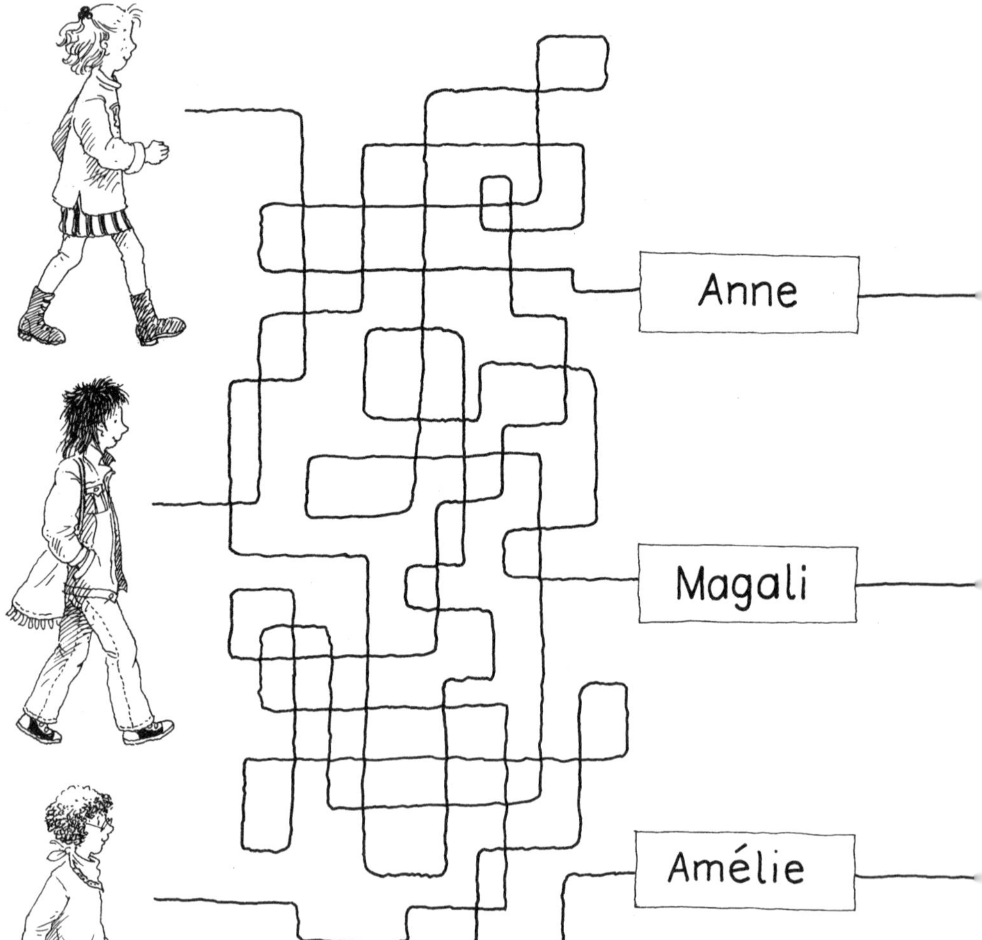

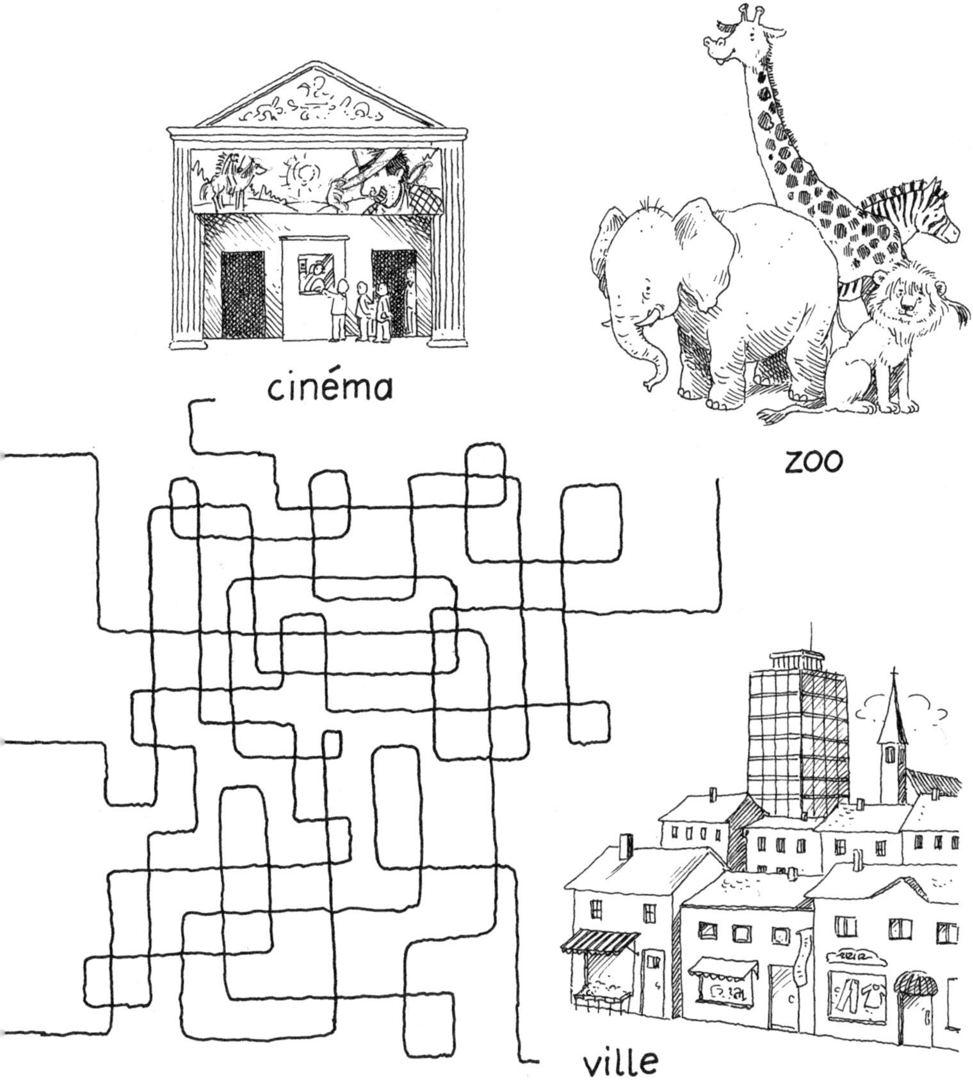

Bilde Sätze!

Anne va ______________________________

Magali ______________________________

Amélie ______________________________

Vêtements

Im Schrank findest du eine Menge Anziehsachen. Aber Vorsicht! Drei Dinge gehören nicht in den Kleiderschrank. Streiche sie durch!

Je porte un pullover rouge à rayures bleues, un pantalon bleu, des chaussettes vertes et des chaussures marron.
Male die Sachen von Jean aus!

Qui est qui?

Mademoiselle souris, souriceau et ratton sont de bons amis.

- Mademoiselle souris n’est pas la plus petite des trois.
- Souriceau n’est pas le premier.
- Ratton est plus petit que souriceau.

Wer ist wer?
Schreibe die Namen unter die Figuren!

Les parties du corps

Verbinde jedes Wort mit dem passenden Körperteil!

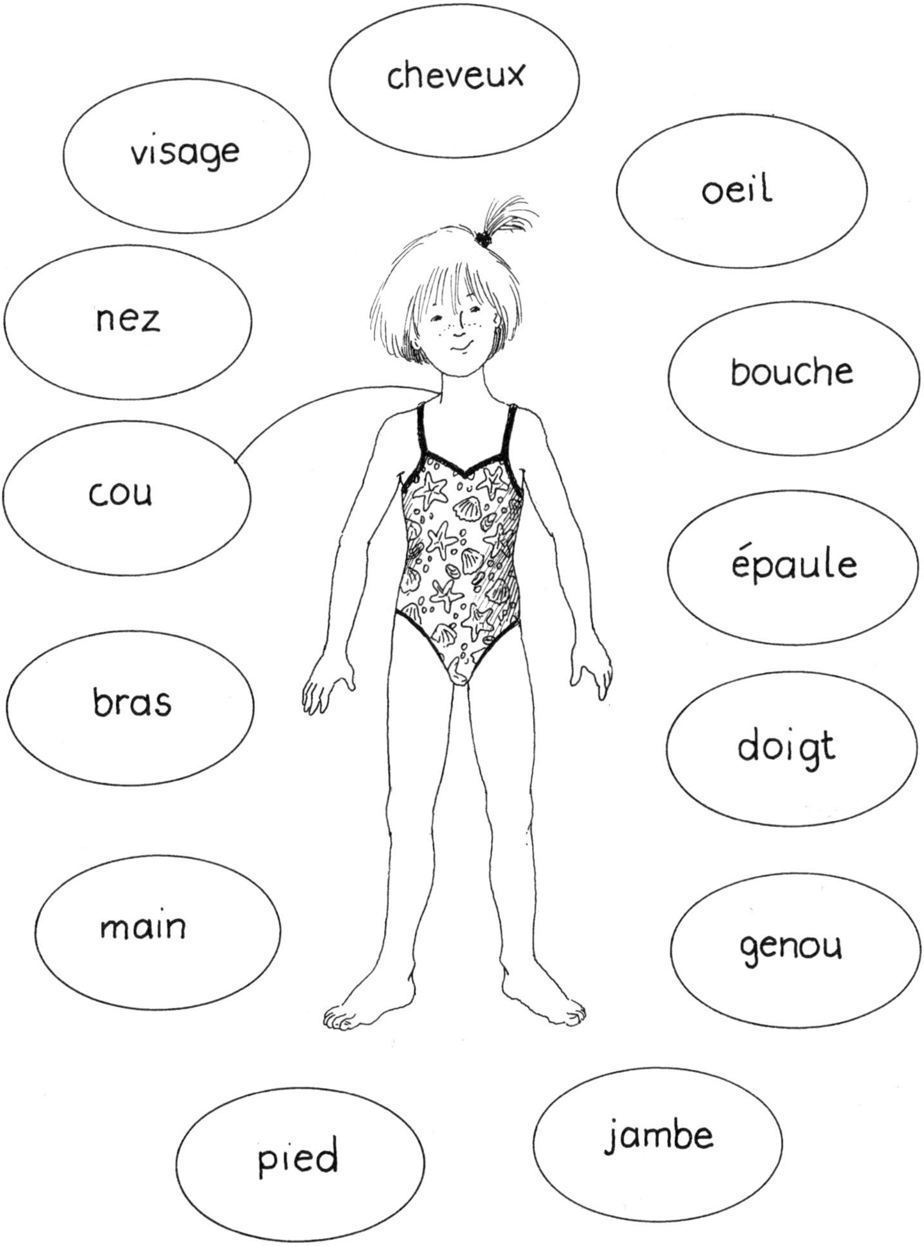

L'album de famille

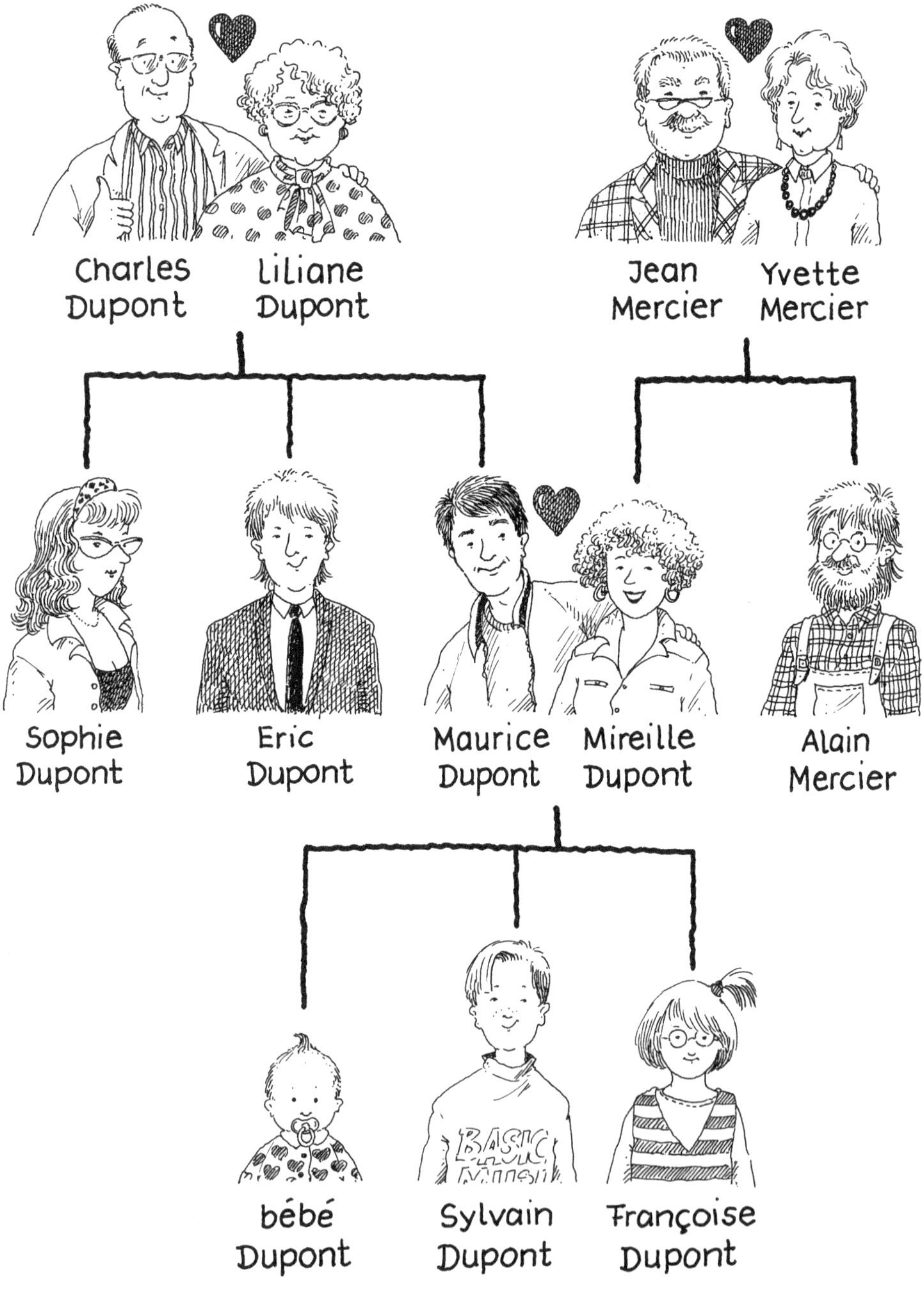

Quel lien de parenté unit Charles Dupont à Maurice Dupont? C'est son

Quel lien de parenté unit Sophie Dupont à Eric Dupont? C'est sa

Quel lien de parenté unit Alain Mercier à Françoise Dupont? C'est sa

Quel lien de parenté unit Yvette Mercier à Sylvain Dupont? C'est sa

Quel lien de parenté unit Sophie Dupont à Françoise Dupont? C'est sa

Wenn du die dick umrandeten Buchstaben der Reihe nach hier einträgst, erhältst du den Namen von bébé Dupont!

d

Nombres

Male jede der folgenden Zahlen auf der rechten Seite aus, und du erhältst ein Bild!

quatre-vingt-quinze

soixante-dix-huit

soixante-dix-neuf

soixante-douze

cinquante-sept

cinquante-neuf

cinquante-huit

quarante-cinq

soixante-dix-sept

soixante-treize

soixante-quinze

quatre-vingt-seize

cinquante-six

vingt-cinq

soixante-cinq

seize

quarante-neuf

quatre-vingt-dix-sept

soixante-seize

trente-cinq

cinq

vingt-sept

quatre-vingt-huit

soixante-quatorze

quatre-vingt-quatorze

trente-huit

quatre-vingt-trois

quinze

cinquante-cinq

1	2	3	4	5	6	7	8	9	10
11	12	13	14	15	16	17	18	19	20
21	22	23	24	25	26	27	28	29	30
31	32	33	34	35	36	37	38	39	40
41	42	43	44	45	46	47	48	49	50
51	52	53	54	55	56	57	58	59	60
61	62	63	64	65	66	67	68	69	70
71	72	73	74	75	76	77	78	79	80
81	82	83	84	85	86	87	88	89	90
91	92	93	94	95	96	97	98	99	100

- ☆ une voiture
- ☆ un voilier
- ☆ un avion
- ☆ un vélo

Dinosaures

Brontosaurus hat 15 Wörter verschluckt, die mit dem Buchstaben „c“ beginnen. Kannst du sie entdecken?

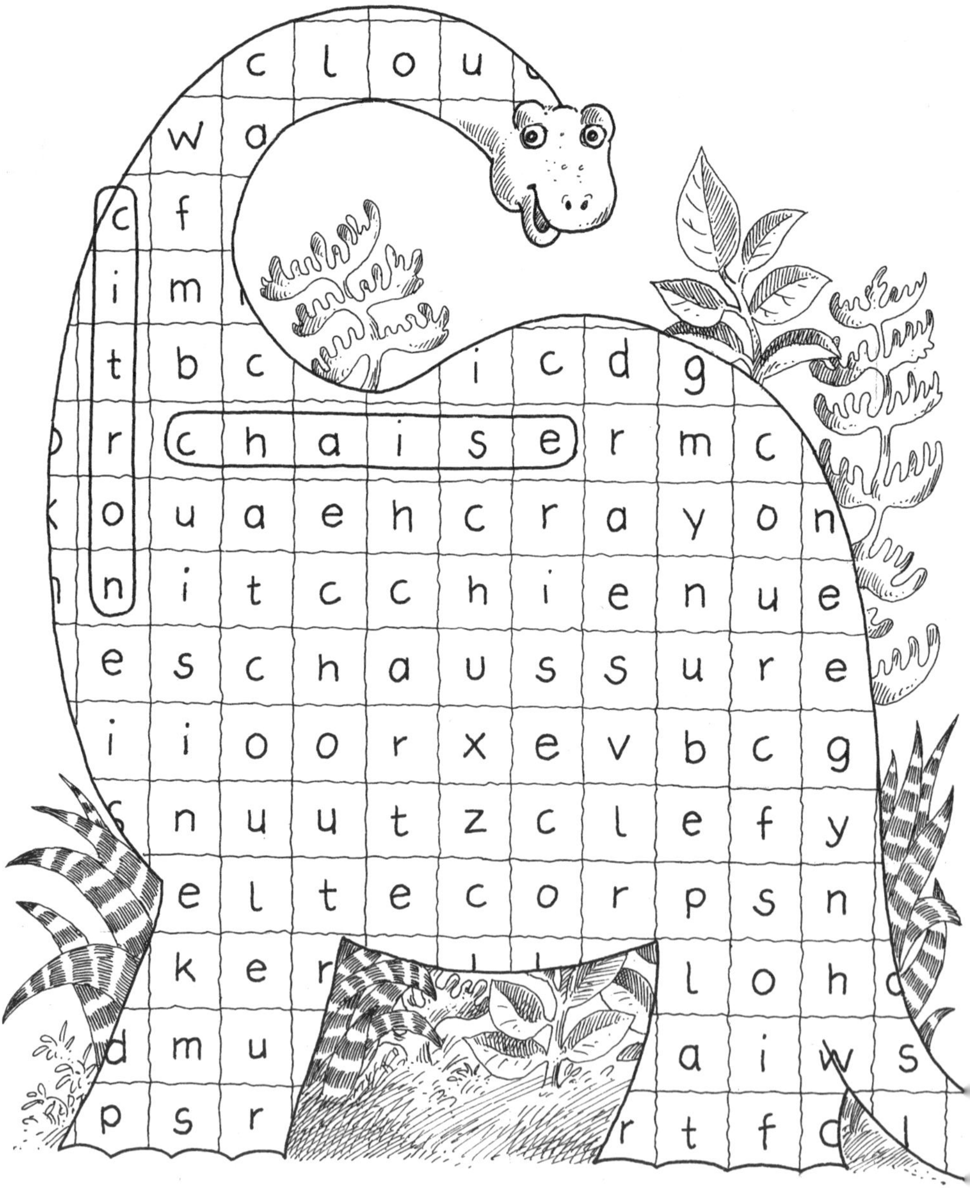

Mit den Buchstaben auf Stegosaurus kannst du die Wörter unten vervollständigen.

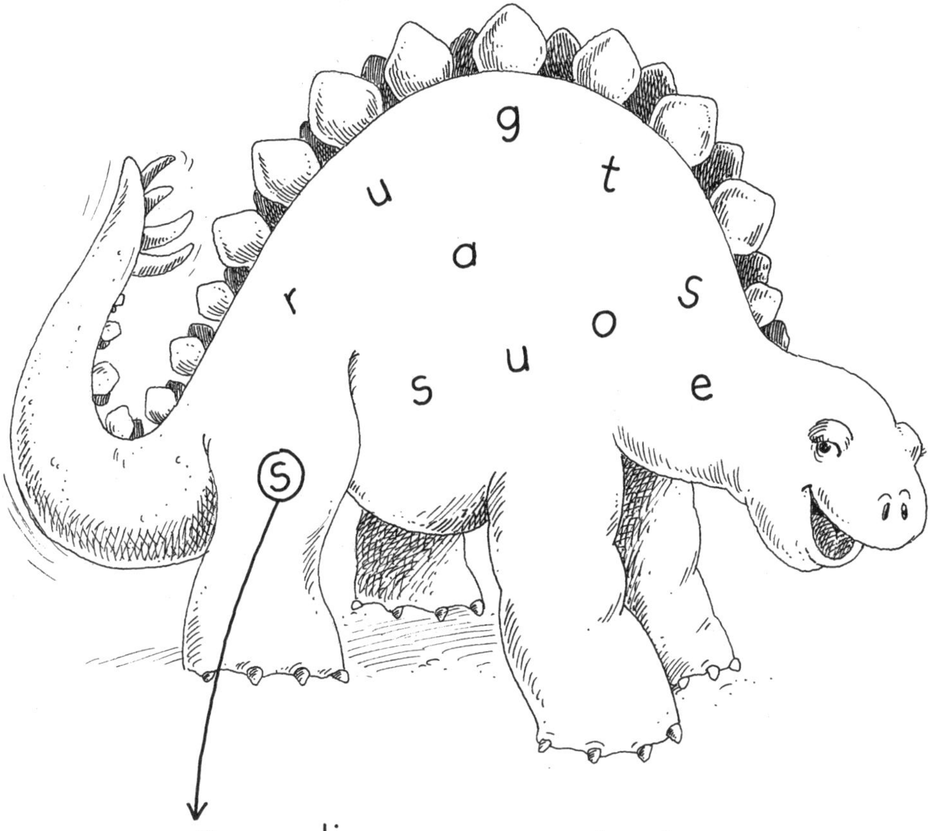

s̲amedi
rè_le
t_ou
mo_che
ch_mbre

b_l
hui_
_erviette
bêt_
fo_rchette
chai_e

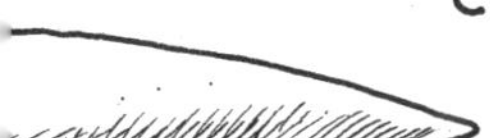

Que fait mademoiselle souris?

Suche die Verben im Buchstabengitter, kreise sie ein und schreibe sie unter die passenden Bilder.

____

____

Attention! La 3ème personne du singulier se termine par:
- e: pour les verbes du 1er groupe (-er)
- t: pour les verbes du 2ème groupe (-ir)
- t/d: pour les verbes du 3ème groupe (-oir, -aire, -dre, -tre)

Wenn du alles richtig machst, bleiben im Gitter 7 Buchstaben übrig. Bilde daraus zwei weitere Verben und schreibe sie hier neben die deutsche Bedeutung.

warten - ____________________

sehen - ____________________

____________________ ____________________ ____________________

elle crie

elle j e

elle

p	n	o	u	r	r	i	r	
e	c	o	n	d	u	i	r	e
n	e	t	t	o	y	e	r	m
s	t	l	i	r	e	t	ê	a
e	a	g	e	m	a	r	v	n
r	é	c	r	i	r	e	e	g
d	c	o	u	r	i	r	r	e
é	c	o	u	t	e	r	e	r
c	r	i	e	r	n	e	r	r
	d	r	e	j	o	u	e	r

Contraires

Weißt du das Gegenteil?

stupide

intelligent

Trage die dick umrandeten Buchstaben der Reihe nach hier ein!

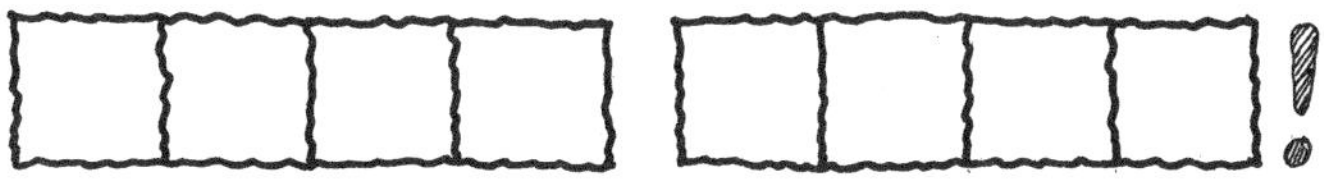

À la ferme

Weißt du die Namen von diesen Tieren und Sachen? Sie enthalten alle den Buchstaben „e“!

1					e						
5					e						
7					e						
3						e					
4						e					
9			e								
8							e				
11						e					
2					e						
6					e						
10					e						
12											e

12
8
7
9
6
5
4
10
1
11

Mots en «oi»

1

2

3

4

5

6
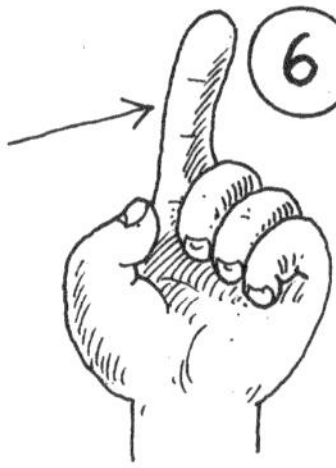

1			o	i				
2			o	i				
3			o	i				
4			o	i				
5			o	i				
6			o	i				
7			o	↑				
8			o	i				
9			o	i				
10			o	i				

7

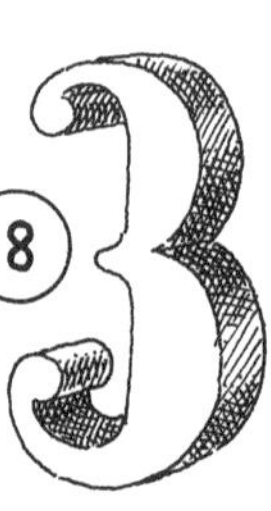
8

9

10

Mots en «ou»

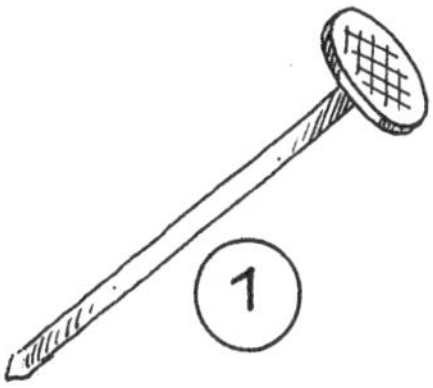

1

2

3

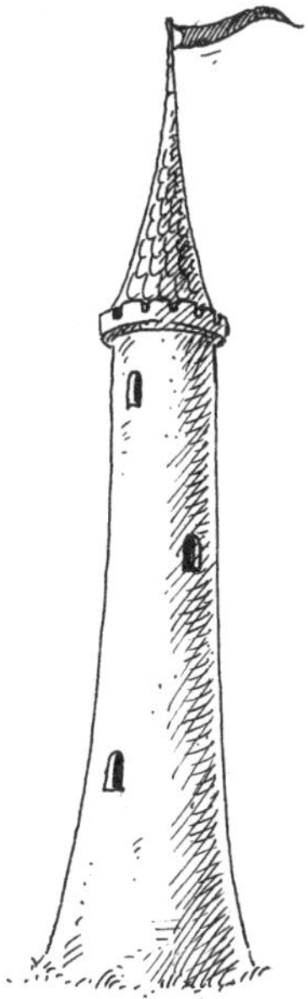

4

1			o	u			
2			o	u			
3			o	u			
4			o	u			
5			o	u			
6			o	u			
7			o	u			
8			o	u			
9			o	u			
10			o	u			

5

6

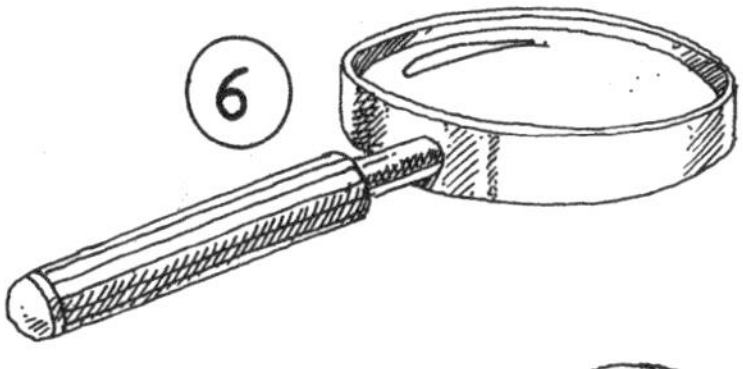

7

10

9

8

Chevaux

Der Bauer ist nicht da. Deshalb soll Marcel heute die Pferde in ihre Boxen bringen. Aber welches Pferd kommt wohin? Kannst du helfen? Verbinde!

Wenn du alles richtig machst, sagen dir die Buchstaben auf den Pferden, was mit dem Bauern los ist.

Il est

La chambre de Laurent

chat crayon ballon jupe chaussures poster

usine lampe lit chaise serpent drapeau ciseaux

cartable table pantalon voiture miniature

couverture télévision fenêtre tapis verre assiette

t-shirts éléphant paille livre

Trage die Anfangsbuchstaben der 5 ausgestrichenen Wörter hier ein!

C'est ☐☐☐☐☐ !

Papillons

Wenn du die Wörter auf den Flügeln der Schmetterlinge ergänzt und die hinzugefügten Buchstaben zusammen liest, weißt du, wonach die Schmetterlinge suchen.

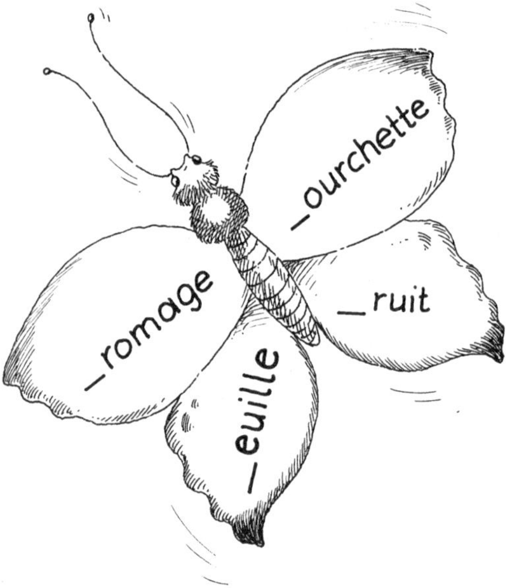

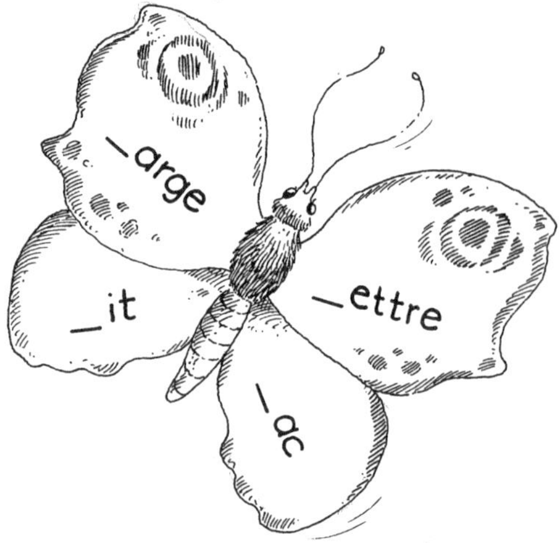

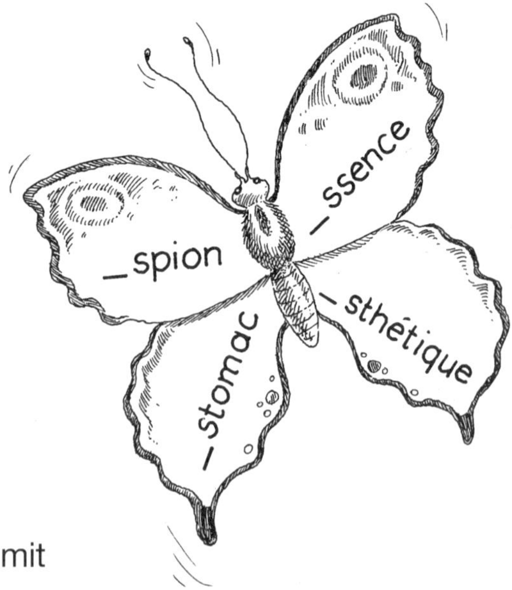

Tipp: Alle 4 Wörter eines Schmetterlings beginnen mit demselben Buchstaben.

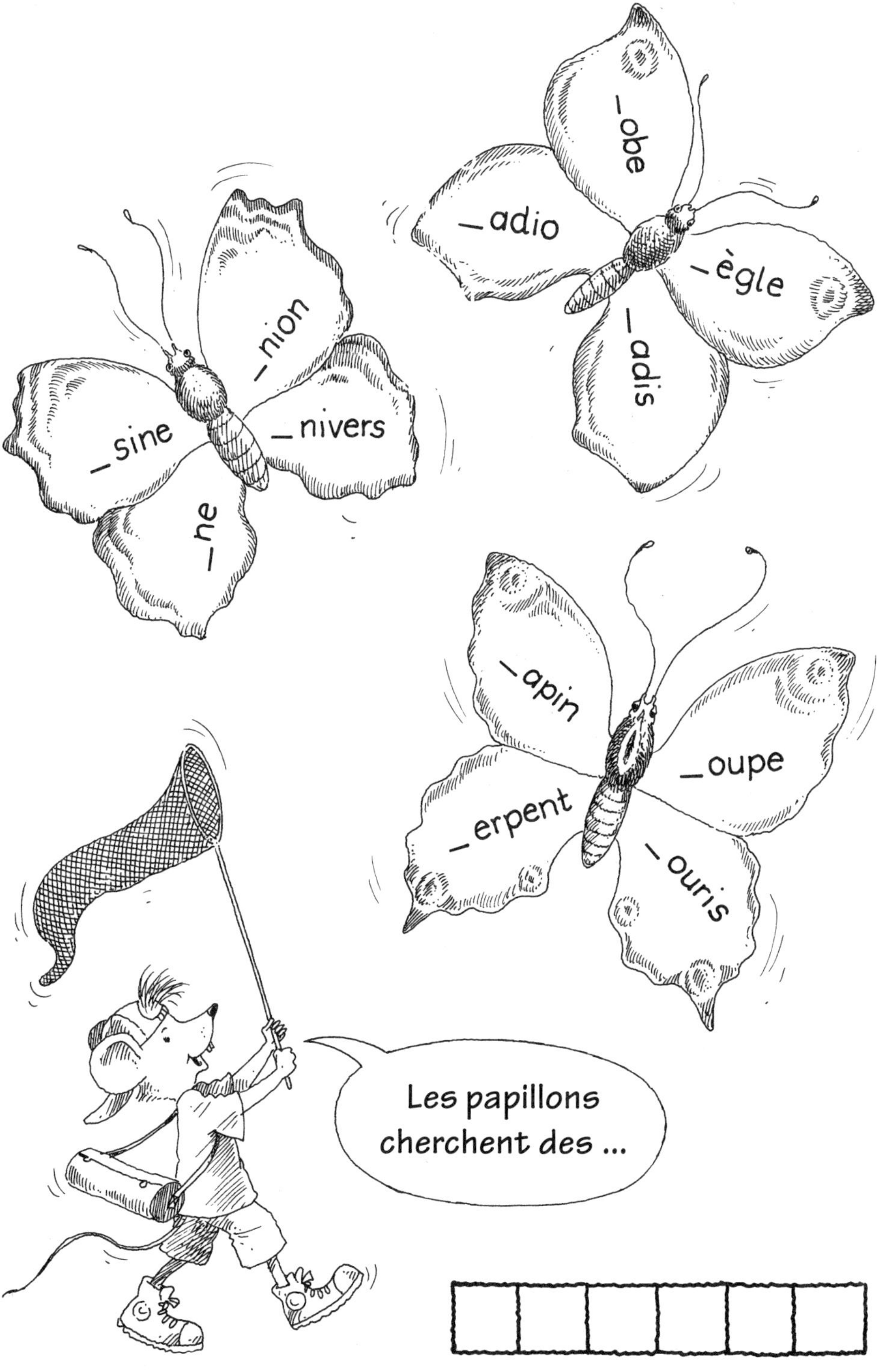
_nion
_sine
_nivers
_ne
_obe
_adio
_ègle
_adis
_apin
_oupe
_erpent
_ouris
Les papillons cherchent des ...

Rimons!

Male alle Blasen mit Wörtern, die sich reimen, in derselben Farbe aus!

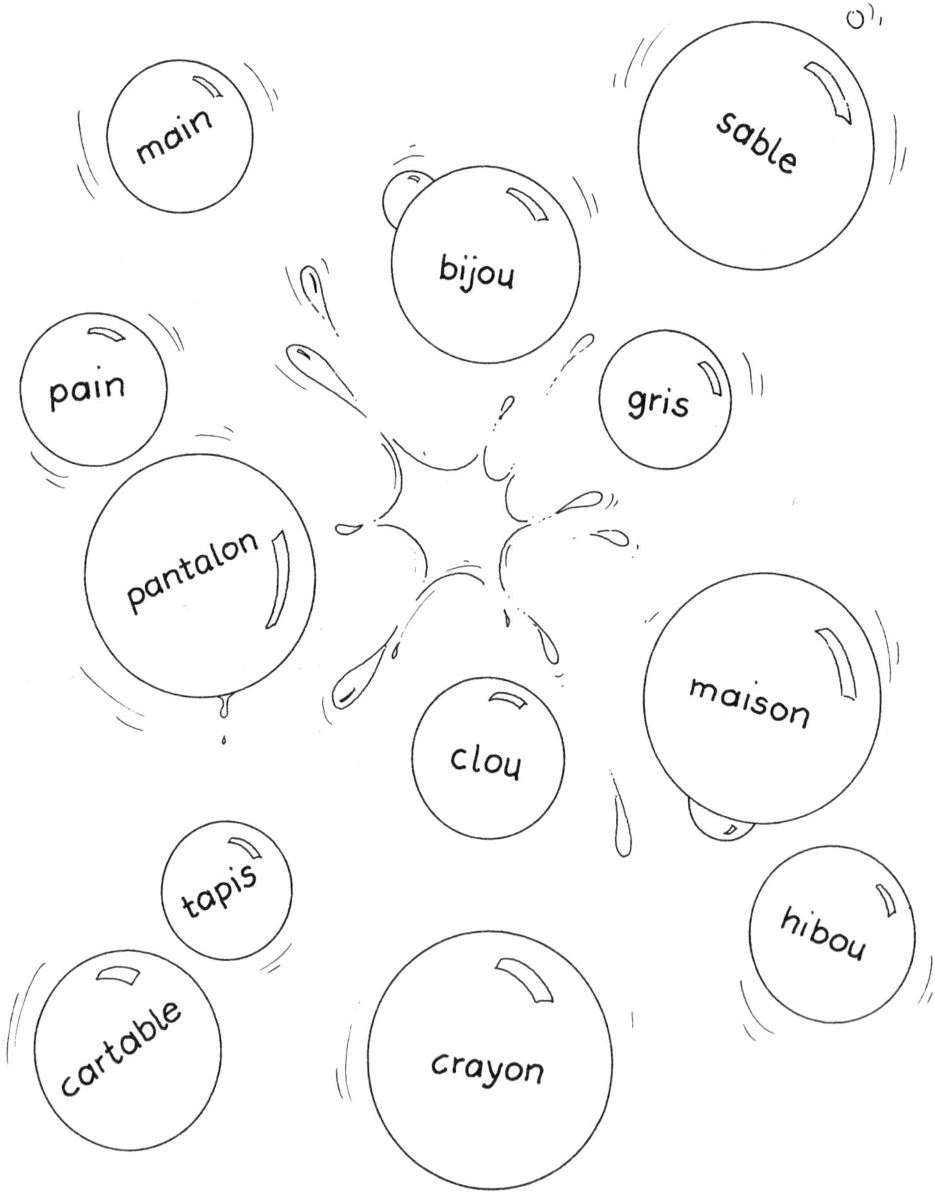

étable
souris
train
lit
table
joue
papillon
bain
Benutze fünf verschiedene Farben!

À l'aéroport

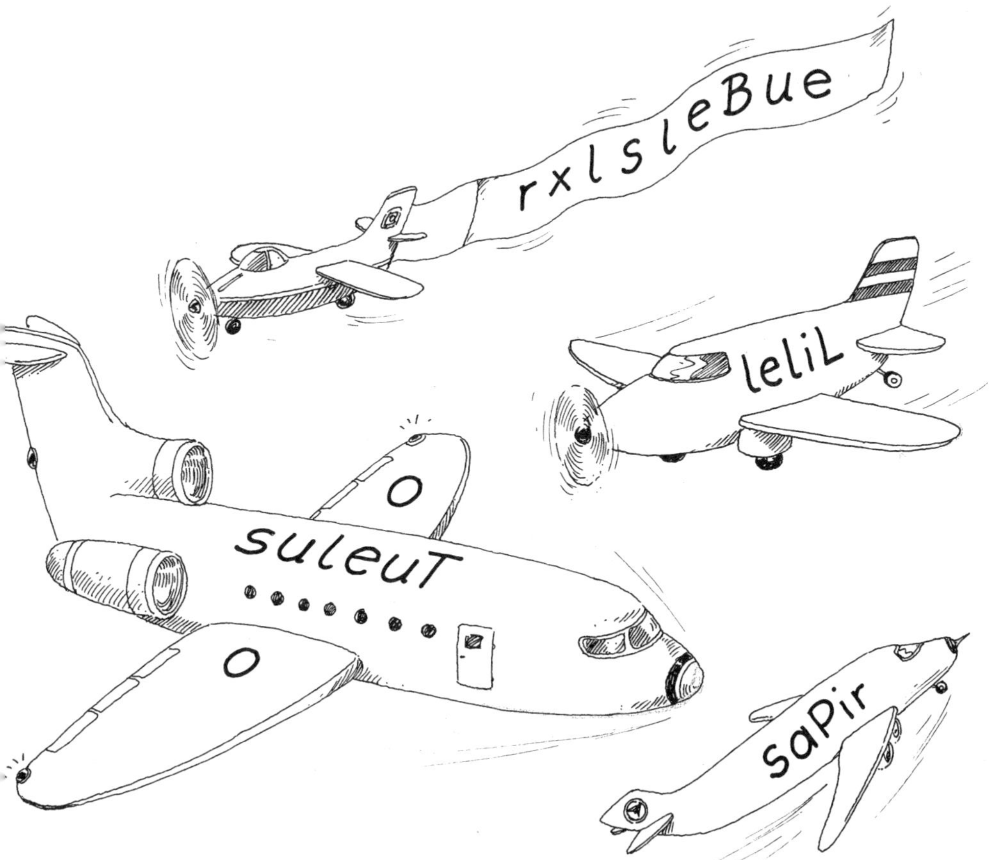

Die Flugzeuge fliegen zu Städten, in denen französisch gesprochen wird. Ordne die Buchstaben und kreise die 8 richtigen Städte ein!

Paris Reims Alger Bienne Lyon Bruxelles

Limoges Québec Toulouse Montréal Dijon

Genève Tunis Tours Le Havre Nantes Besançon

Bordeaux Rouen Rennes Lille

Noms et verbes

Schreibe das passende Verb unter das Bild!

verbes:
sentir conduire dormir dessiner écrire couper lire boire s'asseoir s'habiller jouer cuisiner monter à cheval regarder

conduire ________

____

____

____

____

____

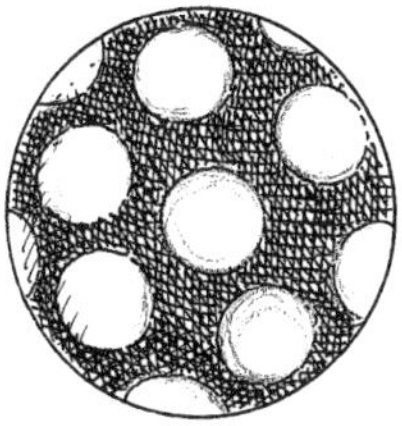

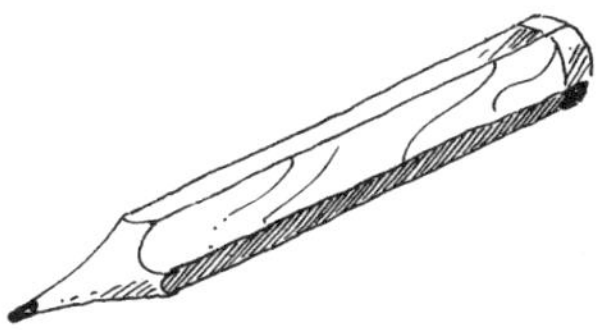

Où est mademoiselle souris?

Trage die entsprechenden Begriffe in das Rätselgitter ein, und du erfährst, wo sich Mademoiselle souris versteckt hat!

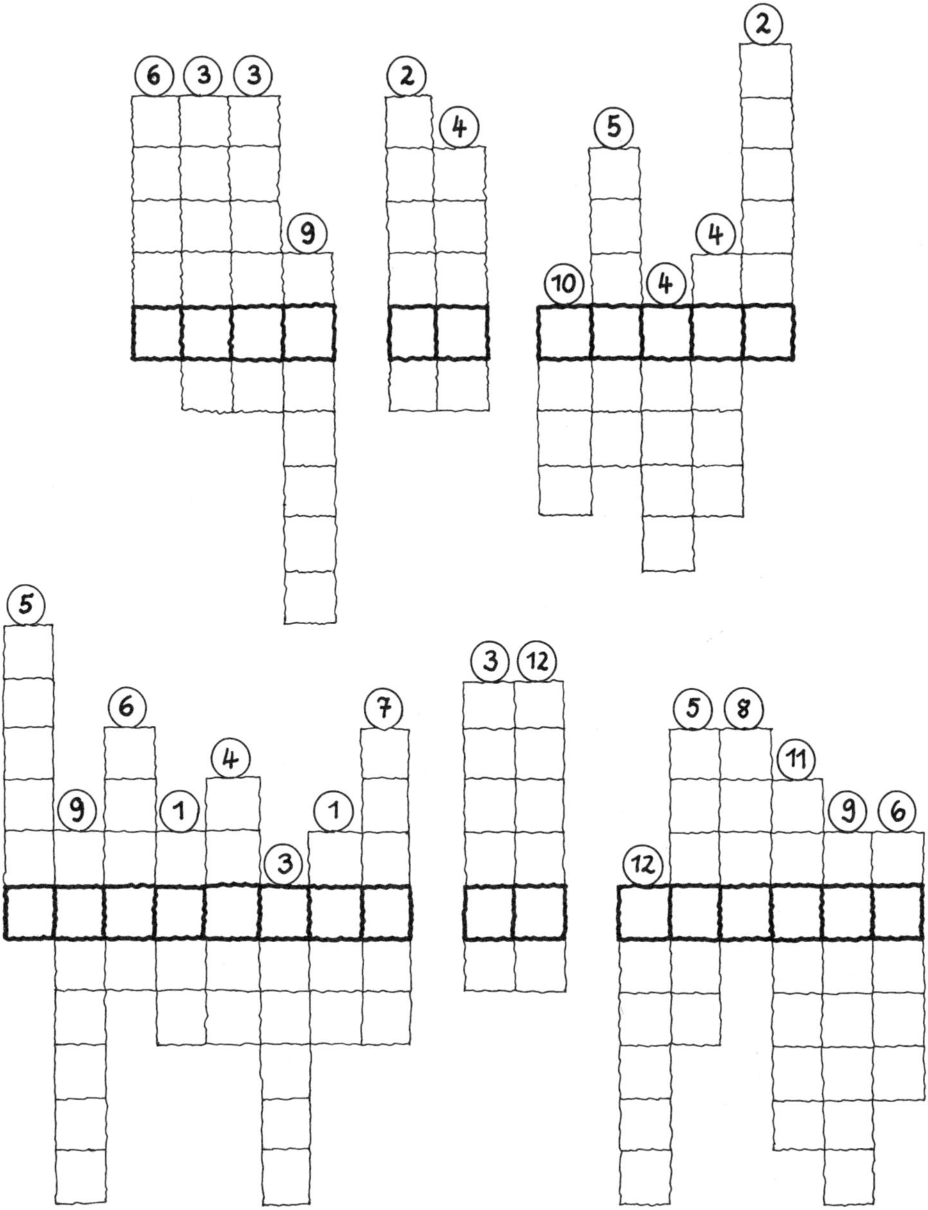

Première lettre identique

Je ein Bild hat einen anderen Anfangsbuchstaben. Welches?

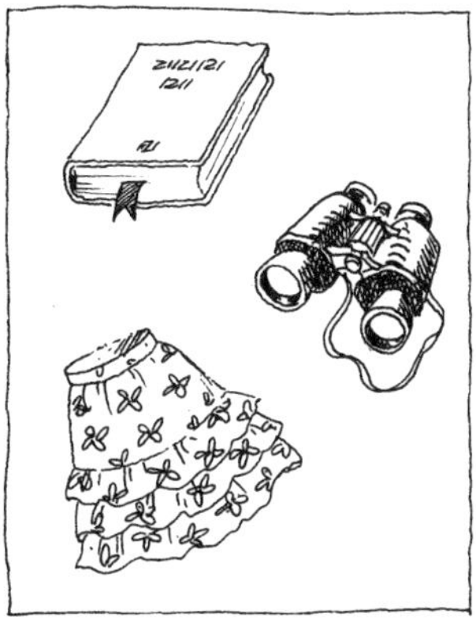

PARIS

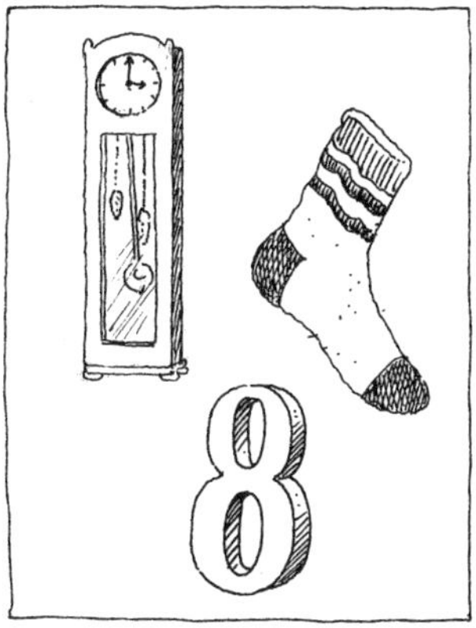

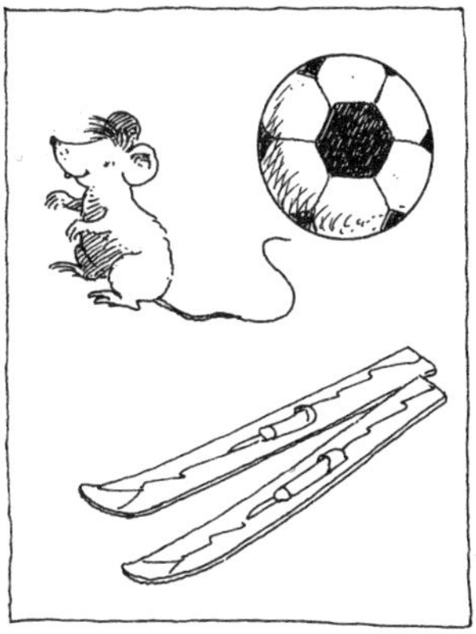

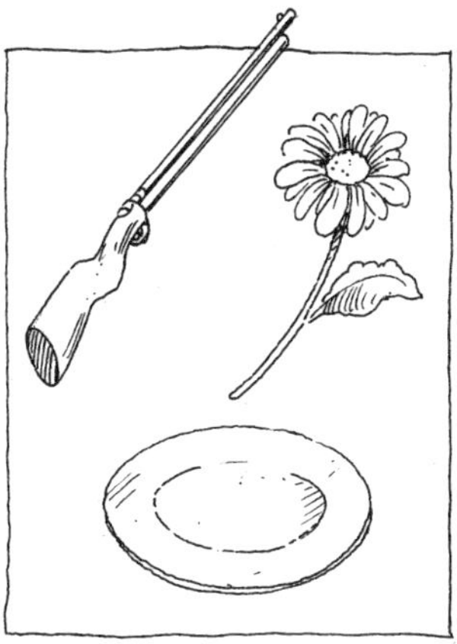

À l'école

Dieses Rätsel hat zwei Teile. „Übersetze“ zuerst die Zahlen in Buchstaben und schreibe sie darunter, z. B.:

15	8	13	3	12
t	a	b	l	e

Verbinde dann jedes Wort mit dem passenden Bild!

9	6	5	5	12

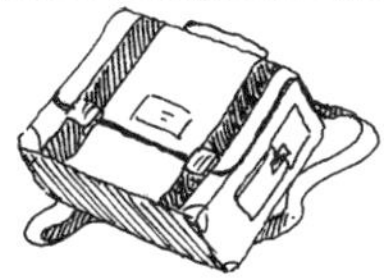

7	1	8	11	6	2

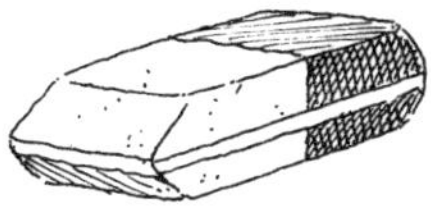

1	12	9	3	12

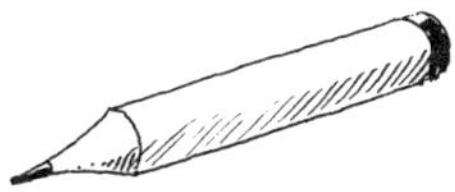

12	3	12	10	12

7	8	1	15	8	13	3	12

7	4	8	14	16	12

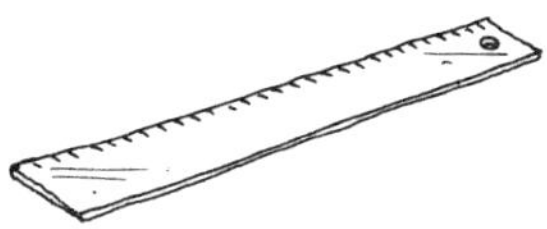

Métiers

Schreibe den jeweiligen Beruf unter das passende Bild! Die Silben im Kasten helfen dir dabei.

den- pro- -langer in- fac- -mier bou- -teur
bou- pi- -cher -taine -firmière -lote capi-
-tiste -fesseur fer-

dentiste

8

Tu peux voir de nombreuses choses dans une ville!

Lies die Wörter auf der rechten Seite und male diejenigen Felder mit Rotstift aus, in denen ein Begriff steht, den du im Bild sehen kannst.

drapeau	ballon	étoile	table	homme
soleil	fille	zèbre	arbre	oeuf
citron	grenouille	garçon	lune	tasse
couteau	maison	fleur	voiture	cuillère
femme	panier	bateau	banane	rue

Die ausgemalten Bilder ergeben zusammen einen Buchstaben. Welchen? Kreise ihn ein!

A X Z H S

Créer de nouveaux mots

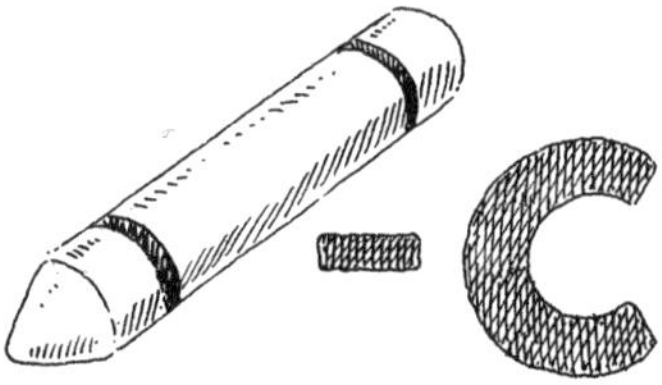

example: crayon-c=rayon

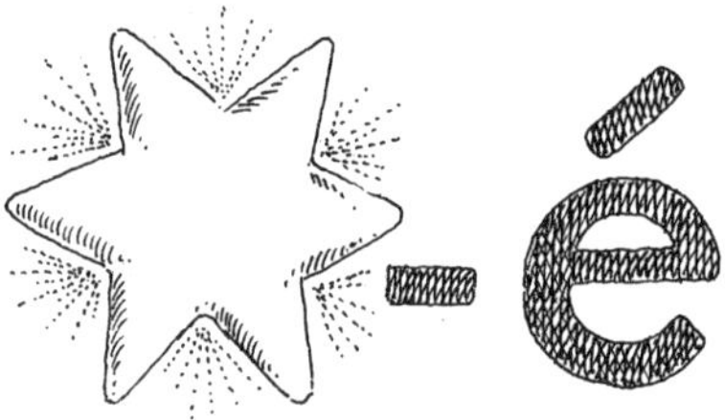

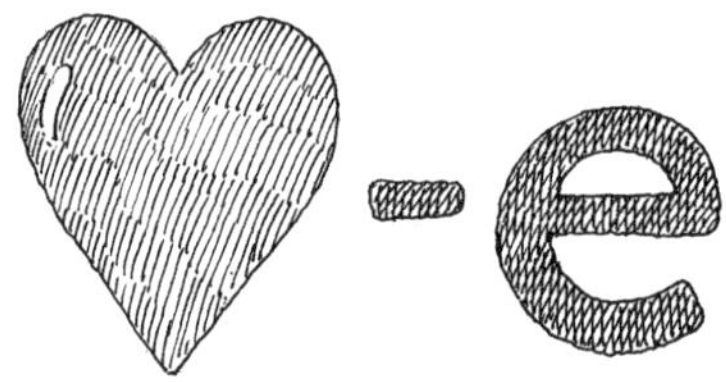

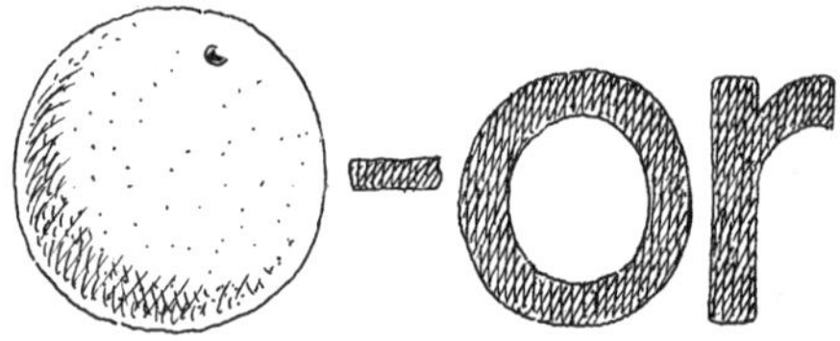

Nombres

Trage die ausgeschriebenen Zahlen in das Rätselgitter ein!

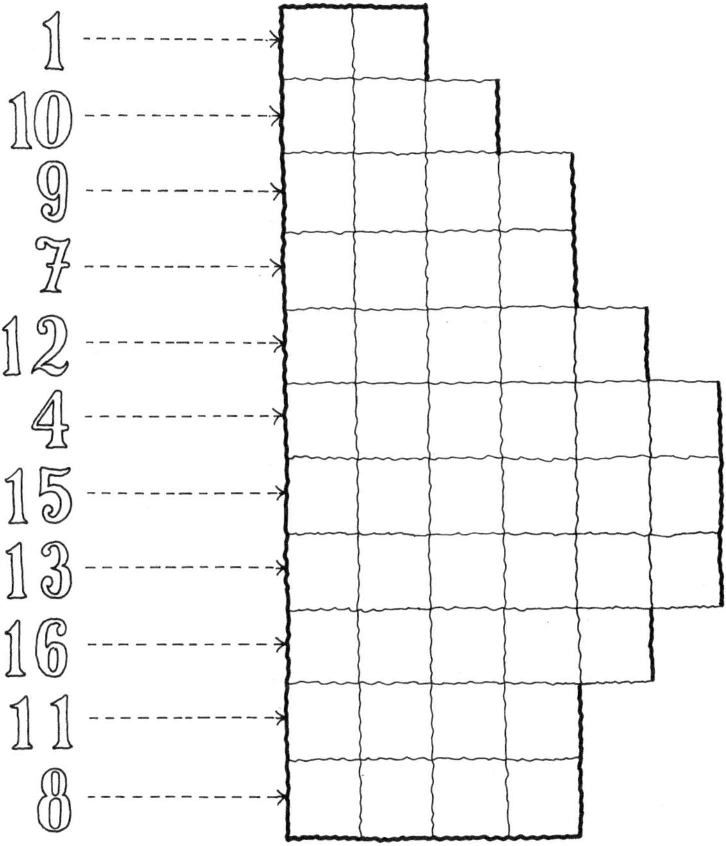

50	106
400	7863208

Images et phrases

Schreibe in das Kästchen hinter jedem Satz den Erkennungsbuchstaben des dazugehörigen Bildes!

Le chat est sur la chaise.

Madame Martin lit son journal.

Thierry nettoie le tableau.

Le poisson est dans le panier.

La souris fait du vélo.

Le singe mange une banane.

Cyril lit un livre.

Murielle va faire les courses.

Les enfants rient.

Pierre dessine un poisson.

Images croisées

Trage den Namen jedes abgebildeten Gegenstands in das Kreuzworträtsel ein!

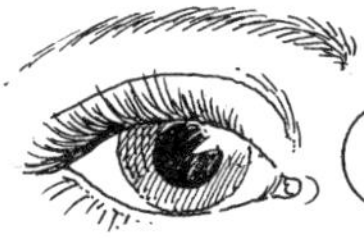

13

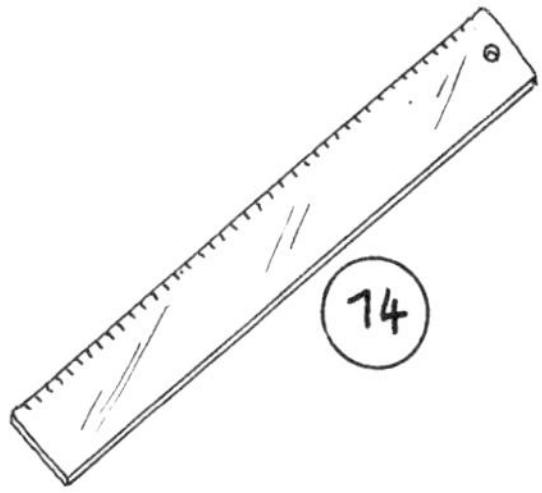

14

15

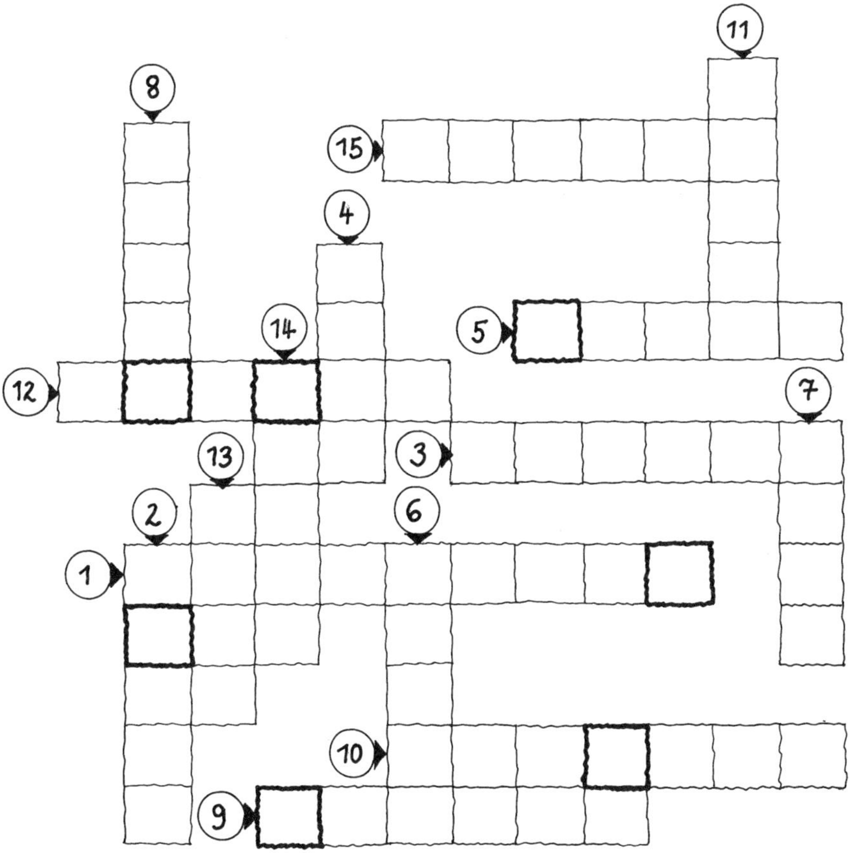

Wenn du die dick umrandeten Buchstaben hier einträgst, erhältst du das Lösungswort. Aufgepasst: Die richtige Reihenfolge der Buchstaben musst du noch finden!

Couleurs

Welche Farben haben die abgebildeten Dinge in Wirklichkeit?
Trage die Farben ins Rätselgitter ein!

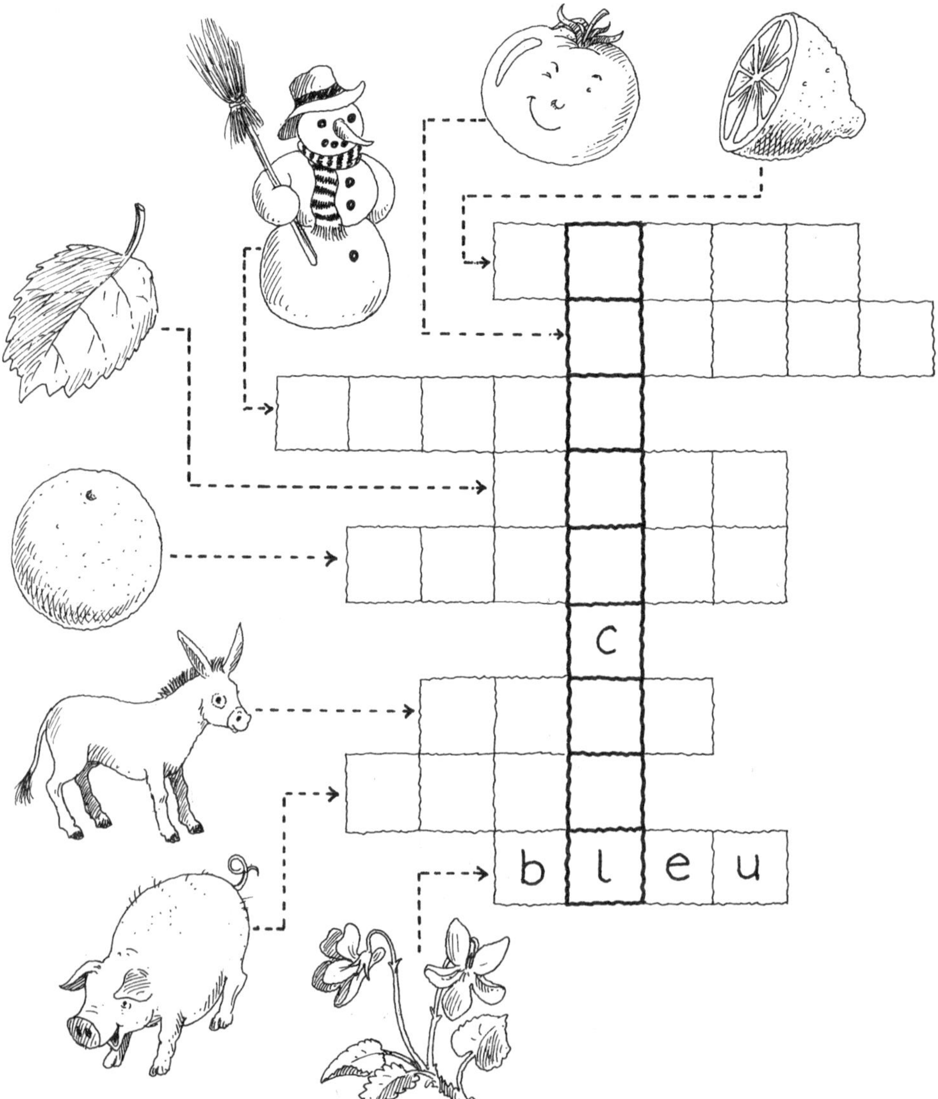

Male die Felder in den angegebenen Farben aus! Drehe das Bild um, wenn du fertig bist!

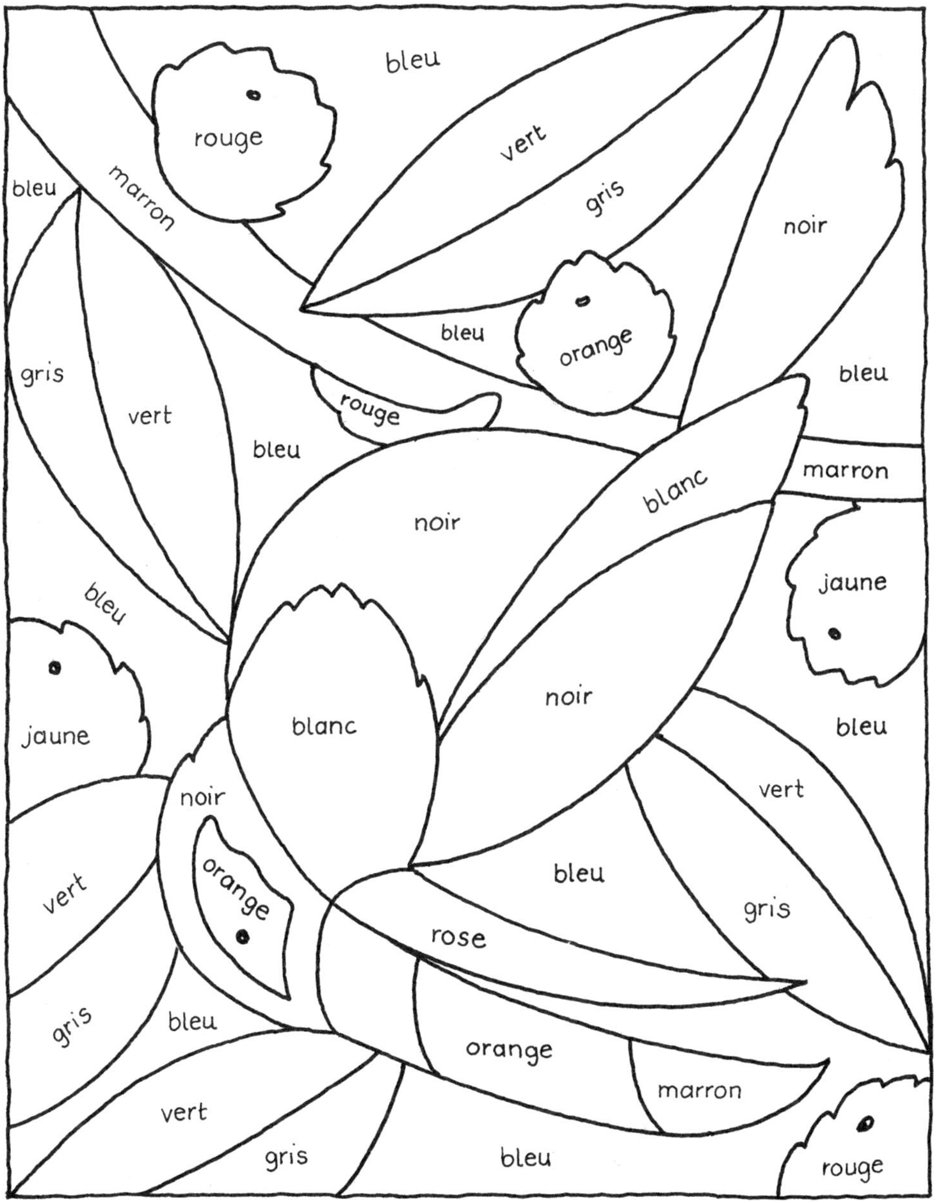

Complète les phrases!

Ergänze die folgenden Präpositionen:

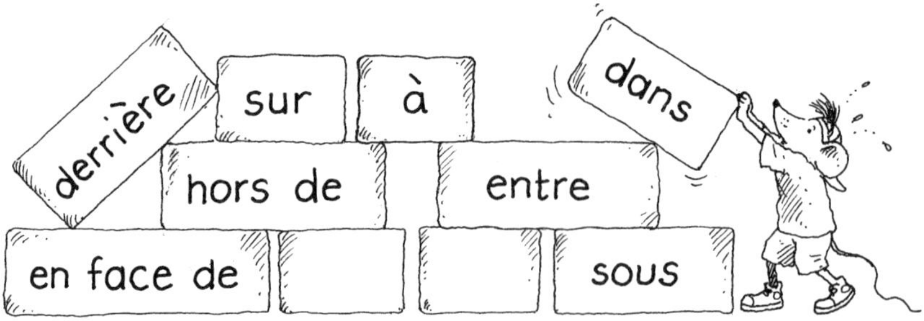

Mademoiselle souris
va _______ l'école.

Mademoiselle souris est
assise _____ une chaise.

Mademoiselle souris est
cachée_____ une boîte.

Mademoiselle souris
joue _________ le jardin.

Mademoiselle souris
monte ______ une échelle.

Mademoiselle souris
entre ______ la maison.

Mademoiselle souris est
debout _______ deux
chats.

Mademoiselle souris
lit ____________ la table.

Mademoiselle souris pointe
le nez _________ la tente.

Mademoiselle souris
est __________ un magasin.

Solutions

Seite 2/3

Lösung: C'est un chat.

Seite 4/5

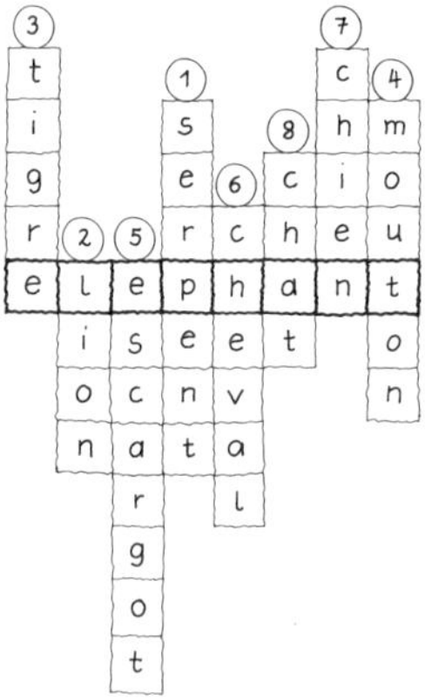

Seite 6/7

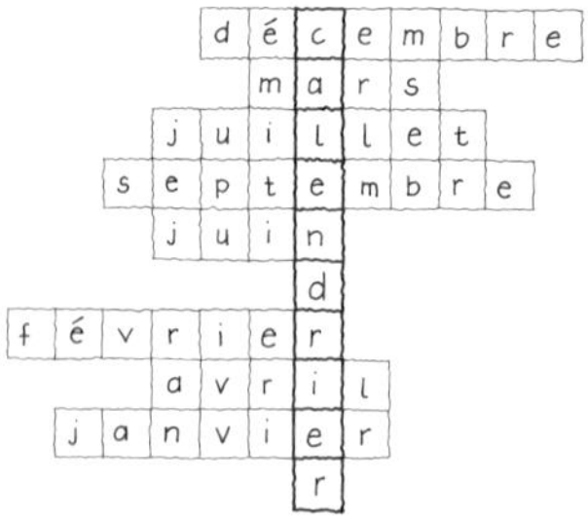

Seite 8/9

Anne va au cinéma (à + le cinéma = au).
Magali va en ville.
Amélie va au zoo (à + le zoo = au).

Seite 10

sandwich, gâteau, vélo

Seite 13

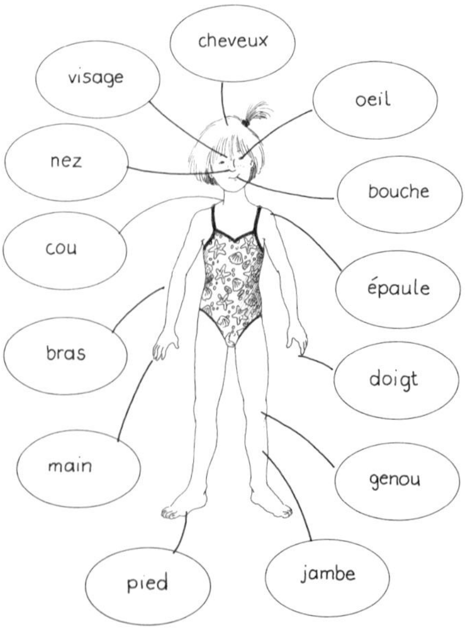

Seite 12

1. Mademoiselle souris
2. souriceau
3. ratton

Seite 14/15

1. père
2. sœur
3. oncle
4. grand-mère
5. tante

Lösungswort: Roland

Seite 16/17

un voilier

Seite 18

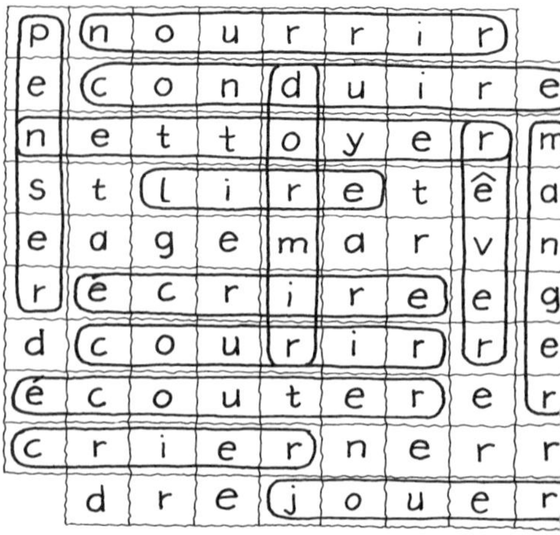

Seite 18 (Fortsetzung)
chaise (Stuhl), chat (Katze), clou (Nagel), chou (Kohl), chien (Hund), couleur (Farbe), carte (Karte), cuisine (Küche), citron (Zitrone), cerise (Kirsche), chaussure (Schuh), cour (Hof), crayon (Stift), clef (Schlüssel), corps (Körper)

Seite 19
samedi (Samstag), règle (Lineal), trou (Loch), mouche (Fliege), chambre (Zimmer), bol (Schale), huit (acht), serviette (Serviette), bête (Tier), fourchette (Gabel), chaise (Stuhl)

Seite 20/21

p	n	o	u	r	r	i	r	
e	c	o	n	d	u	i	r	e
n	e	t	t	o	y	e	r	m
s	t	l	i	r	e	t	ê	a
e	a	g	e	m	a	r	v	n
r	é	c	r	i	r	e	e	g
d	c	o	u	r	i	r	r	e
é	c	o	u	t	e	r	e	r
c	r	i	e	r	n	e	r	r
	d	r	e	j	o	u	e	r

Seite 20/21 (Fortsetzung)

écrire - elle écrit (schreiben)
nettoyer - elle nettoie (putzen)
lire - elle lit (lesen)
penser - elle pense (denken)
conduire - elle conduit (fahren)
crier - elle crie (schreien)
jouer - elle joue (spielen)
dormir - elle dort (schlafen)
manger - elle mange (essen)
écouter - elle écoute (hören)
courir - elle court (rennen)
nourrir - elle nourrit (füttern)
rêver - elle rêve (träumen)

Seite 22/23
stupide (dumm) - intelligent
long (lang) - court (kurz)
rapide (schnell) - lent (langsam)
foncé (dunkel) - clair (hell)
gai (fröhlich) - triste (traurig)
bas (tief) - haut (hoch)
hiver (Winter) - été (Sommer)
beau (schön) - laid (hässlich)
plein (voll) -vide (leer)
froid (kalt) - chaud (warm)
ouvert (geöffnet) - fermé (geschlossen)
nuit (Nacht) - jour (Tag)
riche (reich) - pauvre (arm)
vrai (richtig) - faux (falsch)
premier (erster) - dernier (letzter)
Lösungswort: très bien!

Seite 24/25

1	p	o	u	l	e						
5	p	o	u	c	e						
7	v	a	c	h	e						
3	g	r	a	n	g	e					
4	p	a	i	l	l	e					
9	c	h	e	v	a	l					
8	f	e	n	ê	t	r	e				
11	h	a	m	s	t	e	r				
2	c	h	a	p	e	a	u				
6	c	h	e	v	e	u	x				
10	m	a	r	t	e	a	u				
12	h	é	l	i	c	o	p	t	è	r	e

Seite 26

1		r	o	i				
2			o	i	e			
3		t	o	i	t			
4		b	o	i	s			
5		n	o	i	x			
6		d	o	i	g	t		
7		b	o	↑	t	e		
8	t	r	o	i	s			
9			o	i	s	e	a	u
10		v	o	i	t	u	r	e

Seite 27

1	c	l	o	u			
2			o	u	r	s	
3		f	o	u	r		
4		t	o	u	r		
5		p	o	u	l	e	
6		l	o	u	p	e	
7		d	o	u	z	e	
8		m	o	u	t	o	n
9		f	o	u	r	m	i
10		b	o	u	t	o	n

Seite 28/29

chaussette (Socke)
taches de rousseur (Sommersprossen)
clochette (Glöckchen)
chapeau (Hut)
noirot (schwarz = noir)
écossais (schottisch)
Lösungssatz:
Il est malade.

Seite 30/31

jupe (Rock), usine (Fabrik), serpent (Schlange), télévision (Fernseher), éléphant (Elefant)
Lösungssatz: C´est juste!

Seite 32/33

fruit (Frucht), fromage (Käse), feuille (Blatt), fourchette (Gabel) - lit (Bett), lettre (Brief), lac (See), large (breit) - essence (Benzin), esthétique (ästhetisch), espion (Spion), estomac (Magen) - usine (Fabrik), union (Verband), univers (Weltall), une (eine) - règle (Lineal), robe (Kleid), radio (Radio), radis (Rettich) - soupe (Suppe), sapin (Tanne), serpent (Schlange), souris (Maus)
Lösungssatz: Les papillons cherchent des fleurs.

Seite 34/35

main (Hand), pain (Brot), train (Zug), bain (Bad) - bijou (Schmuck), clou (Nagel), hibou (Eule), joue (Backe) - gris (grau), tapis (Teppich), souris (Maus), lit (Bett) - pantalon (Hose), maison (Haus), papillon (Schmetterling), crayon (Bleistift) - sable (Sand), cartable (Schulranzen), étable (Stall), table (Tisch)

Seite 36/37

Lyon, Montréal, Genève, Tunis, Bruxelles, Lille, Toulouse, Paris

Seite 38/39

voiture (Auto) - conduire (fahren)
image (Bild) - dessiner (malen)
vêtements (Kleidung) - s'habiller (sich anziehen)
lit (Bett) - dormir (schlafen)
nez (Nase) - sentir (riechen)
chaise (Stuhl) - s'asseoir (sich setzen)
ballon (Ball) - jouer (spielen)
casserole (Kochtopf) - cuisiner (kochen)
couteau (Messer) - couper (schneiden)
cheval (Pferd) - monter à cheval (reiten)
télévision (Fernseher) - regarder (schauen)
thé (Tee) - boire (trinken)
livre (Buch) - lire (lesen)
crayon (Stift) - écrire (schreiben)

Seite 40/41

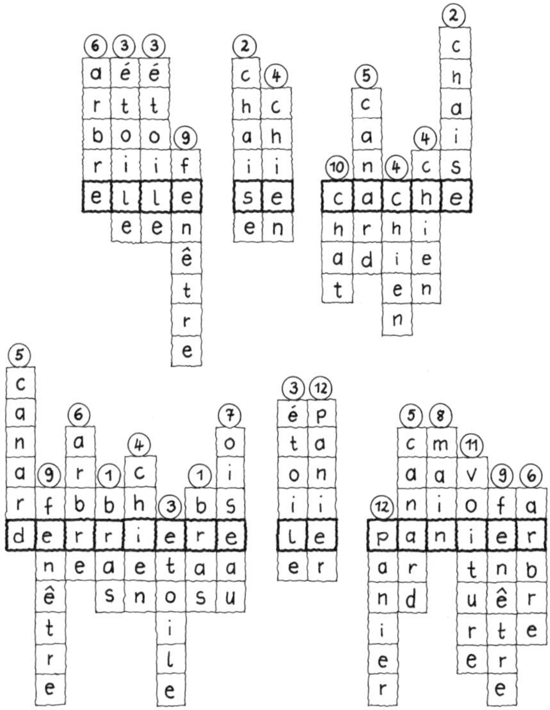

Seite 42/43

boîte - banane - *chien*
botte - bougie - *pied*
abeille - arbre - *pomme*
lune - cuillère - chapeau
barque - bouteille - *seau*
étoile - voiture - vélo
gâteau - couteau - chat
crayon - *téléphone* - coq
gâteau - *règle* - grenouille
maison - *chien* - manteau
livre - jupe - jumelles
vache - carte - casquette
maison - crayon - clef
horloge - huit - *chaussette*
soleil - *lit* - sapin
ballon - ski - souris
fleur - *assiette* - fusil
doigt - nez - dauphin

Seite 44/45

gomme (Radiergummi), crayon (Stift), règle (Lineal), élève (Schüler), cartable (Schulranzen), chaise (Stuhl)

Seite 46/47

dentiste (Zahnarzt), fermier (Bauer), boucher (Fleischer), pilote (Pilot), professeur (Lehrerin), facteur (Briefträger), boulanger (Bäcker), infirmière (Kranken-schwester), capitaine (Kapitän)

Seite 48/49

drapeau, homme, fille, arbre, garçon, maison, voiture, femme, rue
Lösungsbuchstabe: X

Seite 50

crayon - c = rayon (Strahl)
étable - é = table (Tisch)
étoile - é = toile (Leinen)
potage - p = otage (Geisel)
cœur - e = cour (Hof)
orange - or = ange (Engel)
poisson - s = poison (Gift)
tigre- r = tige (Stiel)

Seite 51
un, dix, neuf, sept, douze, quatre, quinze, treize, seize, onze, huit
Lösung: 106

Seite 56

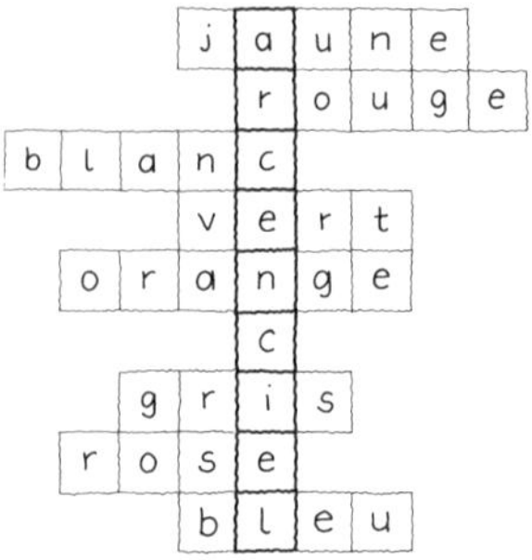

Lösungswort:
arc-en-ciel (Regenbogen)

Seite 52/53
Lösungswörter: super, bravo

Seite 54/55

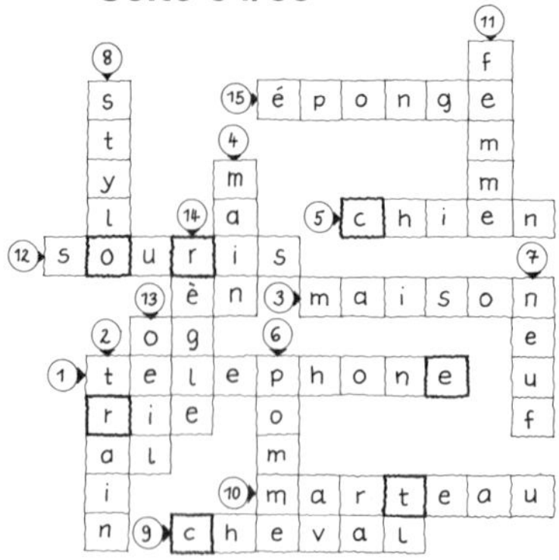

Lösungswort: correct

Seite 57
Cet oiseau est un toucan. (Dieser Vogel ist ein Tukan.)

Seite 58/59
Mademoiselle souris va à l´école.
Mademoiselle souris est assise sur une chaise.
Mademoiselle souris est cachée derrière une boîte.
Mademoiselle souris joue dans le jardin.
Mademoiselle souris monte sur une échelle.
Mademoiselle souris entre dans la maison.
Mademoiselle souris est debout entre deux chats.
Mademoiselle souris lit sous la table.
Mademoiselle souris pointe le nez hors de la tente.
Mademoiselle souris est en face d’un magasin (de + un = d’un).

Die Deutsche Bibliothek - CIP-Einheitsaufnahme
Rätselspass Französisch / Almuth Bartl.
Ill. von Angela Weinhold. - München : Ars-Ed., 1996
ISBN 3-7607-4656-X

Ausstattung und Herstellung:
arsEdition, München
Umschlaggestaltung: Angela Weinhold
Printed in Singapore

ISBN 3-7607-4656-X